AF221507

Originalausgabe

Herstellung und Verlag: BoD - Books on Demand, Norderstedt
ISBN  978-3-7519-7889-7

# Träumt von einer besseren Welt

Friedensgedichte
von Mathias

### *Friedenslieder*

Allein sitze ich
Mit meiner Gitarre
Und singe Friedenslieder.

Eines Tages werden
wir viele sein,
die sitzen allein
Mit ihren Gitarren
und singen Friedenslieder.

Eines anderen Tages
werden wir uns
vereinen.

### *Jeder Mensch*

Jeder von uns
Ist mit der
Macht geboren,
diese Welt
zu einem besseren
Ort zu machen.

Die wenigsten
erkennen diese
Macht und kämpfen.

Die meisten sind
stumpf, konsumieren
und passen sich an

### *Millionen hungern*

Wir alle brauchen Geld.
Keiner braucht die Gier.
Es ist eine materielle Welt.
Von allem gibt es viel.
Nur verteilt ist es schlecht.
Armut ist ungerecht.

### *Weisheit*

In unserem Leben lernen wir
mit Enttäuschung umzugehen.
Wenn wieder einmal unsere
Träume platzen, lernen wir
erneut zu lachen.

### *Plastikozean*

Jeder von euch kann!
Jeder von euch muss!
Wieso will nicht jeder
von euch die Welt,
in der wir leben,
vor ihrem Ende retten?

### *Auf den Schultern*

Ich kleiner Mann
Pack es an und
Verändere die Welt.

Ich bin allein,
Aber das werd ich
Nicht ewig sein!

Andere reihen
Sich bei mir ein
Und wir werden
Diese Welt befrei´n!

### *Sinnvoll zu betrachten*

Wir Menschen
kämpfen
jeden Tag
um ein
Stück Brot.

Diese Welt
hat genug.
Wozu tut
all das
kämpfen not?

### *Verreckt im Dreck*

Eine sterbende Welt
     und es steht auf jeder Häuserwand.

Eine sterbende Welt
     und es wird im Fernsehen gebracht.

Wann werdet ihr wach?
Ändert euch und rettet,
Was gerettet werden kann.

### *Gehirnwäschen*

Vielleicht sind wir die letzte Generation,
die noch frei denken kann.

Vielleicht gibt es bald Maschinen,
um unsere Gedanken zu lesen.

Darum lohnt sich der Kampf
um Gerechtigkeit und Freiheit jetzt
und nicht irgendwann!

## EVIL CORP

Wir werden alle sterben.
Wir alle!
Die gesamte Menschheit.
Aussterben.

Nicht mehr sein,
Wenn wir den Klimakollaps
Nicht stoppen!

Wir müssen zum Kampf gegen
die bösen Firmen ausziehen
und ihnen jedes Geld stehlen,
dass sie gemacht haben
und noch machen werden.

*Funken*

Freiheitsträume
geistern
in jeder Ecke
der Welt

Der Wunsch
nach Liebe
ist es, der uns
am Leben
hält

Familie und
Freundschaft,
Glück und
Freiheit
sind mehr Wert
als Geld

## *Träumen*

Träumen wir wieder
von einer besseren Welt.
In diesen Tagen
Scheint sie zu sterben.

Menschen, Tiere, Pflanzen
Werden im Klimawandel
ausgelöscht.

Uns bleibt das Träumen.
Das können sie uns
nicht nehmen!

Vielleicht ist
Unser Traum der Same,
     Aus der die bessere
         Welt entsteht.

### *Gehorcht!*

Die Welt ächzt
An ihrer Schwerfälligkeit.
Die Menschheit wächst
Wie ein Krebsgeschwür.

Die sprechenden Bilder
der Monitore zaubern
Mächtige, unsichtbare Schilder,
die die Massen schauen.

Überall fesselt Manipulation.
Milliarden Arbeitsbienen
erhalten als verdienten Lohn
ewige Abhängigkeit.

*Wir*

Die Träume
Von einer besseren Welt
Kosten kein Geld.

Die Liebe
In deinem Herzen
Verursacht keine Schmerzen.

Indem du anderen hilfst,
Ist es der Hass in uns,
der schmilzt.

## Berlin

Gemalt in neuem Glanz.
Die ganze Stadt tanzt.
Obdachlose liegen
und erfrieren.

Reichtum und Macht
sind neu erwacht.
Mit ihr die Armut
und das Betteltuch.

Einst waren wir gleich;
für einen Moment.
Wir haben´s verpennt,
Ihn zu bewahren.

### *Ein neuer Kontinent*

Eine innere Unruhe treibt uns an.
Produkte konsumieren.
Wir sind ständig nicht gut genug.
Shoppen gehen.

Es sind Dinge, die uns fehlen.
Werbung indoktriniert.
Das Spiegelbild hasst uns schon.
Das Neueste vom Neuen.

Wir müssen mit anderen mithalten.
Im gierigen Wahn.
Ein echter Mensch kauft alles ein.
Plastikberge wachsen.

Nur wer „hat" ist unser Freund.
Eure Herzen sind längst lahm!

### *Anders*

Stürme
In den Herzen
Stürme
In der Welt

Bäume brechen.
Menschen brechen
Unter Baseballschlägern
Und Messern
In der Raserei
Der Mobgewalt.

Anders sein
Macht Angst.
Egal ob
Schwarz oder weiß.

Anders sein
Heißt Angst
Vor Zorn, Neid
Und Gewalt.

## *Deutschland*

Zerrissen habt ihr uns
In links und rechts.
Eine ganze Welt.
Jahrhunderte des Krieges.
Das war´s, worauf euer
Schwachsinn hinauslief.

Nie wieder Krieg!
Nicht den Hütten,
Nicht den Palästen.
Kein links. Kein rechts.
Nur eine freie Welt.

### *Der wahre Weg*

Du willst lesen?
Lies dein Herz!
Du willst hören?
Hör auf dein Herz!
Du willst leben?
Leb aus deinem Herz!
Du willst siegen?
Sieg mit dem Herz!

### Weiße Fahnen

Auf das der Krieg endlich endet.
Der Krieg zwischen Menschen
und dem Rest der Welt.

Der Krieg zwischen allen Erdenvölkern.
Der Krieg, der schon so lange währt
und endlos Tod und Verderben brachte.

### *Nazis stinken*

Krumm
Gerade
Die Nase.

Arisch
Oder Jud!
Was
Für ein
Schmu.

Betrug
Für Dummköpfe
und Gehörnte.

## Helden

Niemand will
Niemand kann
Doch einer muss
Die Welt retten
Sonst wird sie sterben
und nichts mehr
werden

## Planet Erde

Diese Welt;
Alt und täglich neu.
Wälder, Seen und
Hochhaus – Berge.

Unsere Welt.
Einfach wunderschön.
Zugleich bitterarm
Und kalt.

## Warum?

Hintergründe erfährst du nie,
wenn du in der Herde trottest
wie ein Schaf und alles wiederkäust.

Du musst forschen und fragen
Und in allen Tiefen graben.
Dann öffnet sich ein Reich
Der Wahrheit und befreit.

## Weltfrieden

Ich träume vom Frieden der Völker.
Ihr denkt jetzt, ich rede
Von Amerikanern und Deutschen,
Franzosen, Engländern,
Arabern oder Chinesen.

Nein! Ich rede von Menschen
Und Hasen, Tauben und Ratten.
Und Birken! Und Lärchen!
Und kleinen, duftenden Rosen.

### *deutsch sein*

Ich bin deutsch!
Jenseits von links und rechts.
Ich bin deutsch.
Jenseits von Adolf, den beiden Karls
und jenseits von Jesus.

Ich bin deutsch
mit einem Herz
zu lieben.

### *Als ob nichts wäre ...*

Tausend Arten sterben einfach aus.
Tausend Jahre schon wird
die Frau weltweit unterdrückt.
Millionen, die vor Krieg und Gewalt
fliehen und täglich werden es mehr.
Das Ozonloch wächst weiter.
Die Strahlenwerte steigen an.
Auch die Pole schmelzen stärker.
Aber die Menschheit macht weiter,
als wäre nichts geschehen.
- Ganz normaler Betrieb! -


### *der jüngste Tag*

Die Erde stirbt.
Ihr seht nur zu.
Sie ist noch zu retten.
Doch ihr tut nichts.

Himmel werden bersten.
Feuer alles verzerren.
Ihr werdet schreien,
aber dann ist es zu spät.

*malen wir!*

Ich will die Welt verbessern!
Kommst du mit?
Alles könnte schöner sein!

Lass sie uns anmalen.
Wir machen alles neu:
vollkommen, frei und glücklich.

Das Alte nervt und schmerzt.
Unsere Welt wird eine bessere sein:
Ohne Leid, ohne Schmerz,
Ohne Sorg´und ohne Pein!

### *Stahl und Beton*

Wir schlittern über den Asphalt
Mit gummierten Reifen.
Die Natur ist längst unbekannt
Den Kindern der Stadt.

In den Medien heißt es,
Die Wälder der Welt brennen.
Die Kinder von morgen
lernen sie niemals kennen.

Sie werden ein Leben
In Plastik und Metall führen,
Verbannt aus der Natur.

Sie werden gekleidet
In künstliche Haut und
Von allem Menschlichem beraubt.

## *Ihre Kugeln fliegen*

Das Herz am rechten Fleck:
Blut geleckt.
Das eigene war´s.

Der Feinde zu viele.
Einen Rückzug gibt es nicht:
Nur das letzte Gefecht.

Die Wahrheit muss siegen,
Um in jedem Herz zu blühen.
Frieden braucht jeder Mann, jede Frau,
jedes Kind, jeder Hund und alle Bäume.

## *Hitzewellen*

Heißer Sog umspielt meine Wangen.
Wüstenwind streichelt den Asphalt.
Es ist soweit, die Wüste kommt
und nimmt alles Leben fort.

Berlin ist schön anzusehen.
Denn die Menschen denken noch,
Es wäre vorübergehend. Doch
Der Klimawandel kommt und
Mit ihm die Verteilungskriege.

In der Jugend hatte man uns
Gewarnt. Niemand wollte
Hören oder etwas tun.
Eiscreme, Steaks und schnieke
Lederschuh. Das war es,
wonach wir alle schrien.

### *Wenn wundert´s*

In einer Welt, die stirbt,
Muss, was die Mehrheit mag,
Das schlechte sein.

Hip soll es sein und cool.
Angesagt für´s Prestige.

Das größte Artensterben
der Erdgeschichte findet statt.
Ihr amüsiert euch im Pub,
Im Bordell und im Tanz Club.

### *Kugeln*

Ein Menschenvolk
Auf´nem blauen Ball
Rast ohne Ziel
Durch´s Weltall.

Dumm und jung
Ist dieses Volk.
Hat viel zu lernen
Und mehr zu bereu´n.

Am Ende wird
Alles gut,
Ob mit oder
Ohne Menschen.

## *Grün*

Die Erde stirbt
Und du bewirbst
Dich um eine neue Stelle.

Die Menschen hungern
Und du willst rumlungern
In´nem Nachtclub.

Die Wälder brennen
Und du willst rennen
auf dem nächsten Marathon.

Der Nordpol schmilzt
Und du wirst jetzt
In den Urlaub fliegen.

### *stahlhart*

Seifenblasen
    hart gespritzt
   mit Stahl,

damit sie bleiben
  und nicht zerplatzen.

   Genau das
     mach ich
       mit meinem
      Traum
    !

### *Sehnsucht*

Frieden und
eine bessere Welt,
das ist, was wir
alle suchen,
nebenbei verbrennen
       wir sie.

## Metropole

Träume enden
An den Wänden
kalter Kellerräume.

Neben falscher Liebe
stecken in Zwangsheiraten
harte Männerhiebe.

Der Sprung vom Haus
Beendet den Traum
Als „fast" berühmter Star.

Die alte Maid;
Sie tut mir leid.
Jung sein ist schön.

### *Toxische Menschen*

Nein, Nein, Nein,
Lass es sein!

Ihr Hass, ihre Wut
tut dir nicht gut.

Sie sind Opfer ihres Wahns.
Ihr Leben ist verplant.
Halt dich fern,
das musst du lern´n!

### *Finale*

Frei
Im Herzen
Frei
Im Leben
Frei
Mit jedem Atemzug

den höchsten Gipfel
zu erklimmen.

Wir sprengen die Ketten.
Reißen alle Käfige ein.
Niemand außer uns selbst
kann uns befrei´n.

## Nie wieder

Nie wieder Krieg!
Nie wieder Mord!
Nie wieder Faschismus!
Nie wieder Not!

Wenn jeder das wünscht,
Wird Frieden sein
Und wir werden alle
Aus ihrem Elend befrei´n.

## Infektiös

Landesweite Quarantäne.
Die Grenzen sind dicht.
Jeder Mensch fragt sich:
„Wem ist zu trau´n
und wer trägt das Virus
bereits in sich?"

## Dasein

Diese Welt ist krank.
Sie ist innerlich zerfressen.
Ihr Gestank erstickt.
Wer kann sie retten?

Blind wandelt sie dahin.
Sie hat sich selbst vergessen.
Wandelnd wie ein blindes Kind
fliegt sie durchs All.

Überall ist Gewalt.
Würden wir nur nachdenken.
Stattdessen bleiben wir kalt,
Wenn andere ums Leben kämpfen.

*Falls*

Falls die Welt noch da ist
In naher und ferner Zukunft,
Will ich der sein, der gesagt hat:
Falls die Welt noch da ist.

Falls die Welt noch da ist
In naher und ferner Zukunft,
Will ich der sein, der geschrieben hat:
Falls die Welt noch da ist.

Falls die Welt noch da ist
In naher und ferner Zukunft,
Will ich der sein, der etwas getan hat,
Dass die Welt noch da ist.

### *Sinn des Lebens*

Was zählt,
Wenn nicht der Weltfrieden?

Worüber reden,
Wenn nicht über den Weltfrieden?

Worüber philosophieren,
Wenn nicht über den Weltfrieden?

Wann sind unsere Stunden verschwendet?
Wenn sie nicht dem Weltfrieden dienen!

### *Politik*

Politik
Ist unbeliebt.
Ohne Politik
Siegt der Krieg.

Diplomatie
Ist Politik.
Verständnis zwischen
Stühlen.

Schreien
Auf den Kanzeln.
Reden ist
Besseres handeln.

Demokratie siegt.
Krieg nie!
Frieden ist Arbeit.
Seid bereit!

## Der Zeiten Ziel

Die Zeiten vergehen.
Kinder entstehen.
Generationen folgen.
Angefüllt mit Sorgen.

Der alte Kreislauf
Führt hinauf
Zu einer neuen Welt,
Die jedem gefällt.

Der Kinder Lachen,
Das mitfühlende Trachten,
Der Menschheitsziel
Erreicht ist es hier.

Hier ist das Paradies,
Dass von Priestern beschrieben,
Von Sängern beschrieen.
Es ist nun bewiesen!

*Keine Seite*

Links – rechts:
Bin keiner Seite Knecht.
Ich will selber denken
und mich nicht für eine
Ideologie verrenken.

Beider Seiten Demagogen
Haben nur gelogen.
Das hat die Geschichte gezeigt
Und Millionen haben das
Mit dem Leben bezahlt.

### *Das große Artensterben*

Tränen
In der Welt
Tränen
Aus der Welt
Tränen
Über die Welt
Tränen
Von der Welt
Tränen
Für die Welt

### *Mensch Mensch*

Menschen
Leben
Neben
Einander her

Ein einziges
Menschenheer
Die meisten leer
Und ohne Gewissen

Einige Menschen
Geben
Manchmal anderen
Ihr ganzes Leben

*in den Straßen*

Hoffnung keimt.
Ganz klein.
Sie steckt in den Ritzen
Dieser verkorksten Welt.

Hoffnungslos am Grab
Eines toten Staats.
Korruption und Bürokratie
Haben ihn entmannt.

Doch etwas lebt,
Das nicht vergeht
Und träumt
Von einem besseren Weg.

### Folgt mir!

Ich frage dich:
„folgst du mir
in eine bessere Welt,
die uns beiden gefällt?
Eine Welt der Liebe,
in der mehr zählt
als bares Geld."


### Evolution

Ein Schritt zum Frieden.
Ein Schritt zur Gerechtigkeit.
Zwei Schritt zurück.
Das ist die Welt.
Wann wird es anders
sein?

## *Neu Berliner*

Ik wees,
Ihr seid neu hier.

Ihr nennt euch Berliner.
Ik nenn euch Schlawiner.

Ihr brachtet im Schlepptau
Gentrifikation und Korruption

Und eine neue Gier nach Geld
Und nix dat wirklich zählt.

Nämlich jene innere Kraft,
Die Frieden und Liebe schafft.

### *Krieg der Menschen*

Könnte ich die Welt verstehen,
Würde sie nicht untergehen.

Aber sie scheint zu sterben.
Arm sind ihre Erben.
Menschen töten die Natur.
Was mach ich nur?

Kann ich allein sie retten?
Ich spreng unsere Ketten!

## Der Mensch

Mensch sein,
heißt schwach sein,
gierig, dumm
und sterblich.

Wie konnten wir
zu den Herren
dieser Erde werden?

Ich ersehn´ den Tag,
wenn Menschsein heißt,
gütig und mitfühlend
zu sein.

*TV*

Leben oder fernsehen?
Zehntausend Familien zerfallen
Bei denen täglich
Die Glotze lief.
Siehst du, wie das
verbunden ist?

Ich mein; wir könnten spekulieren
Oder die Situation analysieren.
Vielleicht würde es ergeben,
Dass die beiden Ereignisse
Im Zusammenhang stehen.

## Höchste Macht

All die Träume …
Alle Träume von Liebe und Freiheit,
Von Glück, Sehnsucht und Hoffnung,
Von Weisheit und Mitgefühl.

Alle unsere Träume sind vereint
In diesem Moment mit der Macht,
Die Welt für immer zu verändern.

### *Zukunft!*

Frühling, Sommer, Herbst
und Winter sterben.

Der Klimawandel schaufelt
ihr dunkles Grab.

Ein wütender, weinender
Wüstenplanet könnte bleiben.

Noch könnt ihr entscheiden:
Ändert euch und lebt!

Oder fühlt eure Erben
wegen euch sterben.

## *Werbung drillt*

Wir sind die Opfer wilder
Konsumschlachten.
Nicht frei.
Denke nicht, du wärst frei.
Du bist es nicht.
Du bist nicht frei!

Alte Männer und magersüchtige Frauen
In schicken Designer Klamotten
Planen dein Leben am Zeichenbrett.

Es sind keine Bomben und doch …
Es sind keine Kanonen und doch …
Es sind keine Kugeln und doch …

… und doch ist es ein Angriff
auf DEIN Leben!

## BIO – Markt

Durch die Straßen gezogen
Und meine Einkäufe geholt.
Das Geld ist wieder knapp
Trotz des Monatsanfangs.

Das Viertel verändert sich.
Neue Menschen kommen
Aus allen Ecken der Welt.
Wie verändert es mich?

Alte und neue Menschen:
Ich heiße euch willkommen.
Es ist jetzt unser Bezirk
Und ich schleppe mein Gepäck.

### *Toter Sand*

Tränen des Hasses.
Ströme aus Glut.
Tränen vor Wut.
Über das Volk
Das sechs Millionen
Juden vergaste.

Es ist mein Volk.
Es ist mein Erbe
Und ich schwöre
Der ganzen Erde:
Nie wieder!

*Jeden Tag*

Die Frage, die ich dir stellen will, ist:
„Wie viele Bücher über den Frieden
hast du gelesen?"
„Wie viele Lieder über den Frieden
hast du gesungen?"
„Wie viele Gedichte über den Frieden
hast du geschrieben?"

Ich verspreche dich jeden Tag zu fragen,
bis dein Herz zu schlagen aufhört
und dein Atem erlischt.

Aber frage du mich auch:
„Bist du Frieden geworden?"

*Firmenpolitik*

Menschen schleichen
Stumpf aneinander vorbei.
Herzen weichen
Dem tröden Alltag.

Tausend Augen sehen
Mich tagtäglich.
Da ist kein annehmen
Meines wahren Wesens.

Schlürfende Schritte
Hallen in langem Flur.
Hier herrscht die Sitte
Der distanzierten Kultur.

*Unsichtbare*

Ausgebrannt.
Verbannt.
Alte Menschen
In der Innenstadt.

40 Jahre malocht.
Dann schnell entsorgt.

Ihnen blieb nur
Das Sammeln
Weggeworfener Flaschen.

## O2

… ich atme die selbe Luft
Wie ihr gequälten und terrorisierten
Wesen dort draußen.

Ich atme ein und spüre euch.
Ich fühle euer Flehen und
kann doch nichts tun.
(Noch nicht!)


## Kindeskinder

Kleine Männer und Frauen
Mit ihren kleinen Träumen
Haben einst die Freiheit gebaut,
In der wir heute leben.

Bist du ein kleiner Mann
Oder eine kleine Frau,
Die mit ihren Träumen
Die Freiheit aufbauen,
In der die Kinder
Von morgen träumen?

### 3. Weltkrieg

Wer sagt dir, dass dein Gehirn
Nicht das hätte sein können,
dass den Plan entwickelt, um den
dritten Weltkrieg zu verhindern?

Aber du säufst es zu Tode
Und kiffst. Du tötest Gehirnzelle
Um Gehirnzelle. Chance um Chance.



### Brüder! Schwestern!

Im Geiste ruf ich dich Bruder!
Ich hob meine Faust gen Himmel
Und schrie: „retten wir die Welt!"
Dich Schwester ruf ich auch.
Und dich und mich und uns.

### *Der kleine Mann*

Der kleine Mann ist gefangen
In der Welt des großen Geldes.
Der kleine Mann strengt sich an,
Um nicht im Sturm zu ertrinken.

Der kleine Mann ist bekannt
Für seine Ohnmacht vor der Macht.
Der kleine Mann liegt erschlagen
Am Ende jeder Schlacht.

Der kleine Mann ist jedermann,
Jedefrau, jedeskind, jederhund.
Der kleine Mann ist die Welt,
Die hilflos in Ketten liegt.

## *Ihr Bürgerlichen*

Hey ihr,
Die ihr von der Integration der Migranten
redet und eure Kinder auf Privatschulen
schickt, weil da weniger Migranten sind.

Hey ihr,
Die ihr von Verantwortung für die
Gesellschaft
redet, aber kaum mehr tut als eure Stimmen
auf die Wahlzettel zu setzen.

Hey ihr,
Die ihr über Umweltschutz redet und
dann Fleisch esst, Benzinautos fahrt und
selbstverliebt in den Urlaub fliegt.

Hey ihr,
Ja, ich meine dich und dich
und dich!

### Terrorschläge

Menschen morden sinnlos.
Wir alle sind geboren
Mit einem fühlenden Herzen.
Wie können manche verlernen,
Die Liebe für alle in
sich zu nähren?

### Gesichter der Vergangenheit

Hier sitze ich in einer besseren Welt,
In einer schöneren Welt,
In einer glücklicheren Welt.

Sie ist schöner, als sie damals war.
Sie ist besser, als sie jemals war.
Sie ist glücklicher, als das Gestern war.

## *Aufstand*

Brennende Fackeln
In der Hand.
Du in der Mitte.
Sie haben dich
Gefangen!

Wir haben´s versucht.
Es musste sein.
Sie sind verflucht.
Wir werden alle
befreien!

Das Standgericht.
Es richtet uns.
Wir baumeln am Strick.
Es war nicht
Deine Schuld!

*Ich*

Ihr sagt, ich kann die Welt nicht auf
meinen Schultern tragen. Doch ich tue es.

Ihr sagt, einer allein kann die Welt
nicht ändern. Doch ich will es.

Ihr sagt, alles war schon immer so.
Doch ich ändere es.

Ihr sagt, keiner von uns kann
wirklich etwas tun. Doch ich werde es.

## *Zahnlücken*

Kleine Kinder sind große Wunder.
Kleine Kinder haben große Wunden,
Denn das Leben lehrt Entbehrung.

Kleine Kinder mit großen Kulleraugen
Weinen kullernde Tränen, wenn sie
Kleine Tiere leiden sehen.

Kleine Kinder lachen aus vollem Halse,
Denn noch tragen sie Unschuld in
Ihrem Geiste.

Kleine Kinder lachen, weinen, scheißen
Und träumen. Ihre Zukunft wird diese
Erde erneuern.

## *Lager für Mensch und Tier*

Mahner in der Nacht.
Mahner am Tag.
Dann könnt ihr nicht sagen,
Ihr hättet nicht´s gewusst.

Man hat es euch erzählt.
Man hat es euch gesagt.
Eure Herzen waren Stahl,
Als das Grauen geschah.

Sie haben schwer gelitten.
Sie haben laut geschrien.
Ihr wolltet es nicht hören.
Ihr wolltet es nicht sehen.

*Empathie*

Sie leiden auch.
Siehst du es nicht.
Spürst du es nicht.
Hörst du es nicht.
Tiere. Bäume.
Mitmensch. Vögel.
Sind lebende Wesen,
Wie du und ich.
Lauf nicht blind
Durch die Welt.

## *Frei*

Ich will frei sein.
Frei wie der Vogel,
Der am Himmel fliegt.

Ich will frei sein.
Frei wie der Wind,
Der über die Erde fegt.

Ich will frei sein.
Wie das kindliche Herz,
Das jeden liebt.

Ich will frei sein.
Wie die Sonne frei
Am Horizont scheinen.

Ich will frei sein
In allen Richtungen
Und all meinem Tun.

***Glück und Unglück***

Das Glück des Einzelnen
Im Glück von allen
Ist ein wachsendes Glück.
Der Weg ins Paradies.

Das Glück des Einzelnen
Im Unglück des Anderen,
Gar auf Kosten anderer,
Ist der Weg in die Hölle.

## *Wall Street*

Ein kleiner Mann
Steht am Abhang.
„Soll ich springen.
Es hinter mich bringen?"

Die Ökonomie kollabiert.
Er war nun ruiniert.
Seine Firma hat ihn entlassen.
Die Frau daraufhin verlassen.

Die Kinder nahm sie mit.
Sie waren sein Lebensglück.
Er ist gesprungen
Und hat den Tod gefunden.

### *Qual oder Wahl*

Richtig und falsch.
Schön, wer es weiß.
Es ist nicht leicht,
Oft liegt man falsch.

Das Richtige tun,
Ohne sich auszuruh´n,
Ist das Ziel
In diesem Spiel.

Sag ja oder nein
Oder lass es sein.
Wähle weise den Weg,
den du gehst.

### Schwesterlichkeit

Hinter jedem Mann
Steht eine starke Frau.
Sie tut, was sie kann.
Er lebt wie eine Sau.

Jedes Kind wächst
Im Schoß der Mutter.
Jedes Baby nässt
Nach zu viel Futter.

Unterschätzt nicht
Die Kraft der Frauen.
Sie sind wichtig,
diese Welt zu bauen.

## *Kinder*

Kinder lachen.
Spielsachen.
Bomben fallen.
Kinder weinen.

Kriegsnot.
Eltern Tod.
Kriegswaisen.
Kinder leiden.

Verstummtes Lachen.
Kaputte Sachen.
Tödliches scheiden.
Kinderleichen.

## *Pazifist*

Kann ich nicht mehr tun, als Gedichte
über den Frieden zu schreiben.
Sind mir die Hände gebunden?

Wie gern würde ich die Welt retten,
kleine hungernde Kinder füttern und
den Verstand in die Soldaten dieser
Erde prügeln, damit sie aufhören,
sie zu zerstören.


## *Krieger des Lichts*

Dein Herz will ich erreichen
Und alles Oberflächliche aufweichen.

Ich will dich zu einem Krieger machen
Für all die richtigen Sachen.

Ich will das dein Herz Feuer fängt
Und dich vorwärts drängt.

Du kannst den wahren Frieden aufbauen.
Setze darauf dein Vertrauen.

## Cybermenschen

Ein sinnloses Leben:
Aufstehen und fernsehen.
Das virtuelle Leben leben,
heißt einer Lüge Raum geben.

Gefangen in den Monitoren
Wird zwischenmenschliches eingefroren.
Leben in virtuellen Realitäten
Ist so wahr wie beten.

Cyberwelten erscheinen
während Hungernde weinen.
Viele fliehen vor der Wirklichkeit
Aus reiner Feigheit.

### *Blaue Erde*

Fliege bis zum Himmelszelt,
Sieh hinab auf unsere Welt.
Sieh die Wunder dieser Erde
und erkenn´ ihr tragisches Erbe.

Sieh, wie sie sich lieben.
Sieh auch die Vertriebenen.
Manches ist so wunderbar.
Anderes einfach furchtbar.

### *Links, zwo, drei*

Gesteckt in eine Uniform
Repräsentiere ich die Norm.
Ich folge strikt Befehlen
Und kann nicht selber wählen.

Gemacht, um ihnen zu dienen,
Würde ich auch niederknien.
In ihrer adretten Uniform
Bin ich wie neugeboren.

*März*

Der Freiheitsruf schreit grell,
Meine Trommelfelle beben.
Alles ging plötzlich schnell.
Sie wollten sich erheben.

Der Kampf ums Leben begann.
Blutrot glänzten die Fahnen.
Es war ein Kampf um jeden Mann.
Viele wurden umgebracht.

### *Mutter Erde*

Sturmwinde.
Eine Welt ersäuft.
Die Deiche sind geflutet.
Lauf!

Windböen.
Ein Orkan peitscht.
Die Dächer reißen ab.
Mein Handy fliegt davon.

Hitzewellen.
Der Schweiß läuft.
Das Wasser versiegt.
Meine Kehle krächzt.

Frostbrand.
Schwarz wird der Zeh.
Meilenweites weiß.
Ein einsames Haus im Schnee.

### Schöne, neue Welt

Mit meinen Fingern zeichne ich ein Fenster
Und schaue in eine andere Welt.
Ich zeichne auch eine Tür
Und trete durch sie ein.

Ich male mir eine neue Welt,
Wie sie mir gefällt.
Mit der Macht meiner Fantasie
Und der Kraft im Herzen.

## Marsch der Gerechtigkeit

Was für eine Welt
In der so viel fehlt?

Frauenrechte.
Gefickt von Dreien
Mit der Waffe
Im Genick.

Kinderrechte.
Kleine, feine Hände nähen
feine, seidene Hemden.
Hungerlohn ist ein Hohn.

Tierrechte.
Freundlich erstickt
Oder brutal erstochen.
Lebendig wird die Haut
Abgezogen.

Umweltschutz.
Eine ganze Welt stirbt
An Dreck und Sauerei.
Keiner der Privilegierten
Denkt sich was dabei.

Friedenspflicht.
Mit dem Krieg zum Sieg.
Die Rendite explodieren,
Wenn viele Bomben detonieren.

## Demokratie

Ich sitze auf einem Thron,
Er heißt Demokratie.
Von jedem anderen
Siehst du die Freiheit nie.

Ich trage eine goldene Krone,
Sie heißt politische Freiheit.
Jedes System will dich brechen.
Nur die Demokratie braucht dich heil.

Ich trage ein schweres Los:
Meine Verantwortung zu kämpfen.
In meinem kleinen Schoß
Liegt das Glück des Nächsten.

## *Ego – Gewichse*

Pack dein Ego in die Tasche,
du lächerliche Flasche!
Hol es nicht ständig raus,
Als wäre es ein Blumenstrauß.
Es ist keine besondere Sache,
Aber die Ursache des Hasses.
Es macht dich nicht zum Mann.
Zeig lieber, was du wirklich kannst!

### Der globale Kreislauf

Eine Welt, die im Elend ertrinkt
Und der Mensch stellt sich blind.
So viele, die Elend siechen
Und ihr seht es nicht.

Geier, die auf Hungernde warten
Und Bessergestellte, die sich laben.
Überall sterben die Regenwälder.
Gleichzeitig steigen die Managergehälter.

Die Kinder, die diese Welt erben,
Werden wegen des Klimawandels sterben.
Diese Welt ertrinkt im Plastikmüll
Und jeder Konsument kauft, was er will.

### *Kapitalanlagen*

Geld oder Mensch.
Mensch oder Geld.
Wie entscheidet die Welt?

Der eine sollte
Dem anderen dienen.
Doch wer von
beidem wem?

Das Geld dem Menschen.
Die Menschen dem Geld.
Wie entscheidet die Welt?

## Löwenzahn und Mohn

Blumen am Straßenrand.
Die letzten nach einem langen Kampf:
Der Mensch tötet die Natur.
Was denkt er sich nur?

Letztendlich wird er sich
selbst vernichten
Und dann kann den Schaden
niemand berichtigen.

## Friedensbringer

Ich würde gern den Frieden säen,
An jeder Ecke, an der ich gehe.
Ich will die Menschen lachen sehen.
Ich will, dass sie für Frieden leben.
Ich will in eure Herzen kriechen
Und euch allen Kummer nehmen.
Ich will eure Sorgen schmelzen
Und wieder Grund zu hoffen geben.

*Menschliches*

Freundschaft und Vergebung.
Wir Menschen sind Mangelwesen.
Fehler sind unser wahres Selbst.
Dagegen ist kein Kraut gewachsen.

Wir straucheln in Situationen rein.
Sind der Elefant im Porzellanladen.
Wir sollten vergeben und lernen,
Uns trotz aller Fehler anzunehmen.

### *Kleines Menschenvolk*

Mit dieser Welt geht es auf und ab.
Sie rast im Galopp, nicht im Trab.
Alles scheint sich zu potenzieren.
Das Mitmenschliche wird aufgerieben.

Ach Menschlein, was machst du nur?
Zu knapp ist deine Lebensuhr.
Zeit genug dich zu entspannen,
Statt dich in Gier zu verfangen.

### Tiere der Erde

Hinter Mauern aus Stahl,
In den Käfigen der Qual,
leben kleine, süße Welpen
und Kühe zum melken.

Der Menschen arme Sklaven
sind ihre gefolterten Waren.
Sie leben an tristen Orten
Zwischen ihrem Erbrochenen.

Der letzte Bolzenschuß folgt.
Das kalte Fließband rollt.
Es führt sie in den Tod
nach einem Leben der Not.

## Subsahara

Himmel und Tod.
Wüste und Brot.
Der harte Pfand:
Überlebenskampf.

Samen der Erde.
Dürre der Werte.
Klare Korruption.
Erster Welt Hohn.

Treue und Brüche.
Liebe und Süchte.
Nichts beständiges.
Alles ist vergänglich.

Hinter der Tür.
Hitler spricht dafür.
Stalin hat gelacht.
Alle ins Lager gebracht.

Ghandi versucht´s.
Obamas Besuch.
Tropfen auf Stein.
Wird Frieden bleiben?

### Geht

Lebe einfach!
Vergiss die Ketten.
Vergiss die Neider,
Die dich fesseln.

Lebe deinen Traum.
Lebe dein Leben.
Werde glücklich.
Wenn nicht für dich,
Dann tu es für mich!

### Aktiv werden

Die Zahl der Leidenden
Ist tränengroß.
Was mach ich bloß,
Um sie zu heilen?

Das Elend der Welt
Lässt mich nicht kalt.
All diese Gewalt
Will ich beenden.

## Politische Dissidenten

Weggeworfen und erschossen.
Angespuckt und erstochen.
Getreten und erwürgt.
Gehasst und aufgehängt.
Eingesperrt und verstoßen.
Verhungert und erfroren.

## Ausverkauf der Wahrheit

Mauern des Schweigens
Umschließen eine Welt aus Lügen.
Kein Mensch traut dem anderen.
Sie haben Angst vor Betrügern.
Jeder bespitzelt jeden und
Stiehlt, was es zu holen gibt.

### Scheiß System

Angst. Unruhe.
Getrieben. Verschwiegen.

Schmerz, nur emotional.
Schmerz, der zerreißt.

Keine Hoffnung.
Ende eines Traums.

### Diktatoren

Gestrandet in diesem Leben.
Hilflos bin ich ihr Spielball.
Ich hab mich blind ergeben,
Niemand ließ mir eine Wahl.

Sie wollen mich zwingen,
Zu tun, was sie wollen.
Um für sie zu stimmen.
Auch um Leute umzubringen.

### *Arme*

In. Ketten.
Sprengt sie!
Lebt. Atmet. Fühlt.
Erwacht!

Roboter gleich
Wie Maschinen.
Sie werden reich.
Wir erfrieren.

In. Ketten.
Sprengt sie!
Lebt. Atmet. Fühlt.
Erwacht!

Gelddruckautomaten
Gibt es für Autokraten.
Arm dran und verraten.
Abgehängt und ausgegrenzt.

In. Ketten.
Sprengt sie!
Lebt. Atmet. Fühlt.
Erwacht!

## Gegen alle Widerstände

Den Träumen nah.
Von der Welt gefickt
Und vom System erstickt.

Träume brechen
In einer dunklen Welt,
In der nichts zählt.

Zorn überlebt;
Nur damit es weitergeht.
Gegen alle Hindernisse.

## Feiere sie

Ich bin frei!
Das macht mich reich.
Keiner der mir befiehlt
Oder mein Recht stiehlt.

Das ist ein freies Land.
Ich ein gemachter Mann.
Wir sind vom Glück verfolgt,
Denn Freiheit ist wie Gold.

### *Schreit*

Getrieben.
Schneller und schneller.

Vertrieben.
Weiter und weiter.

Aufgerieben.
Ärmer und ärmer.

Zerrieben.
Familie um Familie.

## *Menschenskinder*

Wie tief schaut der Mensch?
In die Welt.
In die Wahrheit.
In sich.

Wie weit entwickelt sich der Mensch?
Zum Weltraum.
Zum Übermensch.
Zum Gott.

Wie tief fällt der Mensch?
In die Armut.
In den Tod.
In das Leben.

*Weltwege*

Der Regen fällt.
Die Sonne scheint.
Der Wind weht.
Der Weg der Natur.

Kinder verhungern.
Frauen vergewaltigt.
Männer erschlagen.
Der Weg der Menschen.

Die Bank spekuliert.
Waffen produziert.
Kriege finanziert.
Der Weg des Kapitals.

Beide Augen öffnen.
Tausend Fragen stellen.
Mein Leben geben.
Der Weg des Ichs.

### *Eine(r) herrscht*

Dieses Drecksland
Hat sich verrannt
In Nationalismus,
Fundamentalismus und
Diktatur.

Gewalt zählt auf den Straßen.
Blöcke getrennt nach Rassen.
Hass in jedem Herzen.
Folterkeller voller Schmerzen.
Das Ende der Freundlichkeit.
Ein Land ohne Menschlichkeit.

## *Meinungsbilder*

Die allgemeine Meinung
Gemacht von den Medien.
Bezahlt von den Bonzen.
Verkauft von Politikern.

Die allgemeine Meinung,
Ein Produkt der Statistik
Von bezahlten Firmen
Des Kapitalmarktes.

Die allgemeine Meinung
Gesteuert von Neurosen,
Befeuert von Sensationen.
Paranoia über Möglichkeiten.

## Siegeswahn

Hoffnungen sterben.
Leben, die verderben.
Ein Mann gebannt
Mit der Waffe in der Hand.
Er wartet auf den Kampf
Mann gegen Mann.

Wieder werden sie sterben.
Sich gegenseitig niederwerfen
Und erstechen und erschießen
Und sinnlos Blut vergießen.

Des Krieges Ende ist fern.
Den Frieden säh´ ich gern.
Doch Menschen werden sterben,
Sich mit Bomben bewerfen.
Sie sterben wie die Fliegen,
Nur um einmal zu siegen.

## *Klimakatastrophe*

Stürme kommen
Kein entkommen
Klimakollaps
Schneematsch

Wüsten werden
Wälder sterben
Orkane wüten
Krebszellen brüten

Großes Ozonloch
Klimaschock
Die Pole schmelzen
Nichts kann helfen

## *Träume*

Es gibt Träume, die dich formen.
Sie sind es, die dich antreiben.
Du willst sie gegen alle Normen,
Auch wenn sie schwer scheinen.

Diese Träume werden zu deinem Leben.
Sie haben die Kraft alles zu verändern.
Du wirst jeden Tag nach ihnen streben.
Sie werden jeden Abgrund überwinden.

Träume können dir ein Ziel geben.
Von der Bedeutungslosigkeit befreit!
Sie bringen Sinn in dein kleines Leben.
Sei für ihre Macht bereit!

## Speziesismus

Blut tropft.
Der Bock erschossen.
Messer scharf gewetzt.
Herden tot gehetzt.

Die Käufer zahlen.
Nichts zu beklagen.
Der Krebs wird folgen
Auf das Tiere morden.

Industrie der Qual.
Gatter aus Stahl.
Hilflose Schreie
Der Todgeweihten.

## Mensch 2.0

In einer digitalen Welt.
Ohnmächtig vor der Datenflut.
Mein digitaler Fingerabdruck.
Ihr interaktiver Kuss.

Der mutige Online Held
Kennt nicht seines Mädchen Gesicht.
Ein Avatar der virtuellen Welt.
Sie berühren sich nicht.

Tagelange Medienschlachten
Bis zu paranoiden Pyramiden.
Ewig zocken ohne zu schlafen.
Wir sind Mensch-Maschine-Hybriden.

## Vier Wände

Eine Zeit der Vertreibung.
Die Familien, die selbst der kalte Krieg
Nicht vertrieb, vertreibt
Jetzt die Spekulation
Und die Mieterhöhung.

Eine Stadt hat ihr Herz verloren.
Diese Stadt heißt Berlin.
Sieh ihren Glanz heute neu.
Sieh ihre glitzernden Karosserien.
Sieh das glühende Leben.
Vergiss die Abgehängten.
Vergiss die Vertriebenen.

## Gentrifikation

Bonzen, die regieren.
Lobbyisten, die sie schmieren.
Selbst geldlos geht bestechen
Durch gemeinsames zechen.

Die Reichen, die kassieren.
Das Volk wird verlieren.
Erst den Job, dann das zuhaus´.
Bis sie den Umsturz skandieren.

## Stadtzentrum

Mein Traum:
Diese tote Straßenkreuzung
Aufzureißen
Und einen Baum
Zu pflanzen.
Das Zeichen des Lebens!

## Kapitalismus

Ich nahm.
Du nahmst.
Niemand gab.
Ein anderer verhungerte
Im Magen und im Herz.


## Lichtenberg

Gefrorene Tränen
Im fahlgrauen Sand.
Ein loderndes Wehen
In einer eiskalten Stadt.

Die Menschen schweigen
Und schließen sich ein.
Ein einsames Weinen
Erschüttert den Leib.

Der Müll auf den Straßen
Ist das letzte Heimatgefühl.
Ich beginne es zu hassen
Und mein Herz wird kühl.

### *Geht oder nicht?*

Auf-bauen
Mich!
Auf-bauen
Dich!
Auf-bauen
Uns!

Ab-bauen
Angst!
Ab-bauen
Stress!
Ab-bauen
Sorgen!

Frei-sein:
Allein, zu zweit,
Gemeinsam!

## P.E.A.C.E.

Frieden heißt,
jeden inneren
und äußeren
Feind besiegen.

Frieden meint,
dass alle Menschen,
alle Wesen, alle Welten
sich lieben.

Über den Autor:
niemand
niemals
nirgendwo
und doch durch
den Urknall prädestiniert